AF503538

DE L'ORGANISATION
DU TRAVAIL

DANS

LA MENUISERIE EN BATIMENTS,

PAR

A. BÉRARD,

ENTREPRENEUR — AUTEUR D'UN TARIF SUR LA MENUISERIE.

PARIS

CHEZ L'AUTEUR, 22, RUE BRÉDA.

—

MARS 1848.

— L'union fait la force. —

Citoyens,

C'est au moment où les réclamations s'élèvent de toutes parts, qu'il est, je crois, du devoir de tout bon citoyen de s'occuper des maux qui affligent son industrie et de ce qu'il pourrait y avoir à faire pour le bien général.

En présentant le tableau des souffrances dont l'industrie du bâtiment est en butte, et principalement la menuiserie, je n'ai pas eu la pensée d'offrir une chose ignorée ; malheureusement c'est un cri général, et en soumettant au public mes idées sur le mal et son remède, je crois accomplir un devoir, heureux si ma voix est entendue.

J'ai été surpris bien des fois que les personnes qui se sont occupées de l'organisation du travail et de tout ce qui tend à améliorer la classe des travailleurs, ait parlé ou de l'ouvrier seul ou du maître, mais toujours séparément ; c'est à mes yeux une faute, et une faute d'autant plus grave qu'elle ne concilie aucun intérêt et n'est qu'un germe de désordre de part et d'autre : il faut que les entrepreneurs et les ouvriers se pénètrent, au contraire, que leurs besoins sont les mêmes, que toucher à l'une des branches sans l'autre est porter à tous deux une question de vie ou de mort.

Ouvrier, contre-maître et enfin entrepreneur, j'ai été à même de connaître les maux qui pèsent sur l'ouvrier honnête, les besoins qu'il ressent, la justice qui doit lui être rendue; il en est de même des abus de toute nature que l'entrepreneur a à combattre. Ce n'est pour lui non-seulement, comme pour l'ouvrier, la misère, mais encore son déshonneur et sa ruine. Les maux des uns sont donc la conséquence des autres. Et quand l'ouvrier se trouve sans ouvrage, le maître est dans le même cas; ce dernier a de plus les échéances, et souvent, quand il a tout sacrifié pour payer ses ouvriers, ce qui est son premier devoir, il ne lui reste pas assez pour remplir ses engagements, et il se trouve entre la faillite et le suicide.

Cet état de choses provient principalement d'une concurrence immorale, ruineuse pour tous. Et qui en profite? le consommateur, celui qui, pour la plupart, en a moins besoin; car, que ferait à l'homme, dans la position de dépenser cent mille francs, d'en dépenser dix ou quinze de plus s'il ne pouvait faire autrement? Rien. Aussi cette concurrence nous a-t-elle fait surgir au milieu de nous des hommes sans pudeur, qui, à l'envi les uns des autres, sont venus établir des rabais à des prix fabuleux, et, pour se couvrir momentanément d'une ruine imminente, ont pris le parti de frauder d'abord sur les matériaux, et puis, considérant le travailleur comme une marchandise, ont exploité sa misère, l'ont forcé à des rabais excessifs sur des prix reconnus d'abord entre eux, et, par ce fait acquis, ces ouvriers ont exploité les bras inhabiles des jeunes travailleurs pour pouvoir gagner leur vie amplement.

Honte et malheur à ces entrepreneurs! car ce sont eux qui sont cause des maux incalculables dans lesquels notre profession est tombée. Nous ne mettrons pas leurs noms au pilori, car nous rougissons de tels confrères, mais nous laissons à l'opinion publique le soin de les juger. En principe, disons-le pour le bonheur de l'humanité, le nombre en était restreint. Mais qu'est-il survenu ? Cette lâche concurrence a forcé la main à une autre partie de leurs confrères, qui, à contre-cœur, sans doute, mais forcés par l'exemple et le besoin de travail, ont suivi cette voie funeste.

De ce désordre, de cette immoralité, il en est survenu que la contagion gagnant l'ouvrier, il s'est peu préoccupé d'être plus ou moins habile dans sa partie ; au lieu de suivre les études nécessaires à son art, il ne s'est préoccupé que de gagner l'argent, n'importe comment. Aussi, et c'est à regret que nous le disons, l'art du menuisier est plutôt aujourd'hui en décadence qu'en progrès.

Que demande aujourd'hui l'ouvrier? une augmentation de salaire, diminution de temps, abolition du marchandage.

Nous allons passer en revue chacun de ces points; nous en verrons les conséquences, et nous dirons ce que nous pensons et ce qu'il y a à faire, suivant nous.

En demandant une augmentation de salaire, l'ouvrier est dans son droit, et il a raison. Que gagne-t-il aujourd'hui? 3 francs 50 centimes; voici pour la journée commune. Je ne parle ici ni du marchandeur, ni des jeunes gens qui travaillent sous ses ordres. Examinons un instant à quoi se réduit cette journée. L'année a trois cent soixante-cinq jours : déduire cinquante-deux dimanches, dont une partie est employée en demi-journées, ce qui équivaut à trente-deux journées à déduire, reste donc trois cent trente-trois jours, sur lesquels il faut en ôter vingt au moins sur les heures perdues des mois de novembre et février inclus. Les veillées étant aujourd'hui en partie supprimées dans le but d'occuper plus de bras, c'est donc dans l'année trois cent treize jours qu'un ouvrier, qui n'aurait pas de morte saison, aurait travaillé; il y a en outre à déduire sur sa journée l'usure des outils nombreux dont il a besoin, et que l'on peut évaluer à 25 centimes par jour; c'est donc 3 francs 25 centimes qu'il gagne, ce qui donne par an 1,017 francs, ce qui lui met ses journées à 2 francs 75 centimes; reste pour la généralité les moments de morte saison, les maladies, ce qui réduit encore et quelquefois de beaucoup sa journée. Il est donc de toute justice d'accorder aux travailleurs une augmentation, et nous l'appelons de tous nos vœux. Tant qu'à la diminution du temps, nous ne comprenons pas comment depuis longtemps cet abus a lieu. Les journées de ville étant de dix heures, pourquoi celles de chantier ne seraient-elles pas uniformes? J'insiste d'autant plus sur la réduction de cette heure, que j'engage l'ouvrier honnête à apprendre dans sa soirée cette langue universelle que l'on appelle le dessin, clef de tous les arts, et principalement de la menuiserie.

J'aborde enfin la question de marchandage, mais ici je diffère d'opinion; je ne suis pas pour la suppression. Je pense qu'il y a d'autres moyens moins violents à employer et beaucoup plus rationnels pour tous. L'abolition du marchandage aurait d'autant plus de tort à mes yeux, que ce serait porter une atteinte flagrante au progrès, ce serait saper l'intelligence par sa base, ce serait, en un mot, reculer; c'est au marchandage seul que nous le devons si notre partie n'est pas aujourd'hui plus tombée, et si à Paris l'on fabrique beaucoup plus vite que l'on ne le faisait il y a quarante ans. C'est d'abord un élément pour les jeunes gens ambitieux et aimant leur métier ; c'est, au reste, le seul moyen d'occuper une foule de jeunes gens qui sont incapables de travailler seuls. Mais si d'un côté je ne veux pas de l'abolition du marchandage, je ne veux pas non plus que l'exploitation des jeunes travailleurs puisse avoir lieu, et voici ce que je proposerai tant pour la continuation du marchandage que de l'augmentation, qui, l'on doit le comprendre, ne peut être uniforme.

Je voudrais qu'une commission, prise dans le sein des marchandeurs et des maîtres, fît un tarif de façon basé sur le travail d'une journée de dix heures par l'ouvrier de moyenne force à un prix arrêté d'avance (supposé à 4 francs par jour).

Ce tarif serait le plus clair et le plus concis possible, à seule fin que chacun connaisse ce qu'il est en droit d'exiger. Il en résulterait que ce travail, appendu dans l'endroit le plus apparent du chantier, pourrait être consulté par chacun. Il n'y aurait alors plus d'inconvénient à ce que les marchandeurs fissent ou ne fissent pas de rabais, puisqu'ils ne feraient de tort qu'à eux-mêmes. Les jeunes gens seraient à même de réclamer avec justice, et les preuves à l'appui, le salaire qu'ils auraient gagné légitimement. Il en serait de même des compagnons de journée, qui, pour avoir leurs 4 francs, auraient toujours la volonté de faire reconnaître qu'ils les auraient gagnés. L'on voit par cet aperçu que le droit de l'ouvrier et du maître serait établi sans conteste. Que l'on ne s'épouvante pas de la suggestion primitive que cet état de choses peut donner, car, à l'appui de ce travail, et pour des causes que je dirai plus tard, je demanderai la remise en vigueur des livrets ; par ce moyen, tel ouvrier qui sera sorti d'un chantier avec son livret signé de son patron, relatant le degré de capacité qu'il a acquis et ce qu'il peut gagner, cela n'évitera pas le contrôle que l'on voudra faire, mais cela viendra à l'appui de la justice rendue.

Mais bien des personnes diront : voici pour les ouvriers ; mais que deviendront les maîtres s'ils sont obligés de payer, quand eux-mêmes luttent déjà contre des règlements arbitraires? Ceci est vrai ; aussi, après nous être occupés des ouvriers, arrivons-nous naturellement aux entrepreneurs, ce qui est une conséquence toute naturelle de l'ouvrier. Ici je suis obligé de reprendre les choses de plus haut. Dans cet opuscule, j'aurais voulu éviter de parler des autres industries; mais la menuiserie est tellement liée aux autres parties du bâtiment, que parler de l'une, c'est parler de toutes. Que l'on me pardonne donc si je rentre dans le bâtiment en général; toutefois, comme il est juste de rendre à chacun ce qui lui appartient, je dirai que, d'accord avec les idées que M. Donchin à émises en 1846 [1], j'ai pris dans son livre quelques idées énoncées par lui, laissant à mes lecteurs le soin de voir ce petit ouvrage d'un homme de conscience et de mérite.

Ce qui se présente à nous est l'artiste créateur, en un mot l'architecte. Nous ne chercherons pas à faire connaître tout ce que cet art sublime demande d'études, de goût, de patience et de labeur, avant d'arriver à acquérir les connaissances nécessaires à la perfection de cet art. Tout le monde reconnaît comme nous tout le mérite qu'il faut

[1] *Organisation du travail*, par Donchin. Paris, 1846; chez Adde, libraire, 17, boulevard Poissonnière.

à l'artiste, mais encore toute la responsabilité matérielle et morale qui pèse sur lui.

Nous sommes surpris de la facilité avec laquelle chacun prend ce titre sans en avoir les capacités, quand on pense à quel danger expose l'incapacité de certains hommes, qui tiennent entre leurs mains l'avenir et la fortune des entrepreneurs et des propriétaires. On ose demander comment l'administration n'a pas cherché à mettre un terme à cet état de choses. Malheureusement aujourd'hui, avec le vicieux système de bon marché et de concurrence, les propriétaires s'enquiètent peu des bons travaux, et préfèrent, pour la plupart, de ces hommes à tous prix, dont les consciences élastiques se ploient facilement aux combinaisons d'agiotage et de mesquinerie; et ce qu'ils n'auraient pu trouver chez l'homme de génie, ils le trouvent facilement chez une foule d'individus sans talents ni position, grands faiseurs, excepté de ce qui est bien, s'occupant peu si au bout de quelques années l'édifice s'écroule, car, il faut le dire, la garantie de dix ans imposée est bien souvent illusoire. Un bâtiment ne tombe pas d'un coup de vent, et celui qui souvent a économisé quelques milliers de francs, en principe regrette amèrement une triste parcimonie qui lui coûte quelquefois le triple de ce qu'il aurait dû dépenser. . . . .

Après l'architecte, vient le vérificateur, carrière nouvelle, plus indépendante que la première, puisqu'elle n'entraîne avec elle aucune responsabilité : cette partie du bâtiment est, sans contredit, une des plus importantes fonctions du bâtiment. Le vérificateur devrait être un homme probe, consciencieux, pénétré de sa mission, appliquant à chacun des prix équitables, et donnant à l'entrepreneur un bénéfice raisonnable, qui le mette à même de vivre et de soutenir sa famille ; voilà le portrait que nous nous sommes fait du vérificateur. Malheureusement il est rare d'en rencontrer aujourd'hui, et il suffit souvent à un individu d'acheter un tarif Morel de 10 francs, payé cent fois trop cher pour ce qu'il est bon, afin d'acquérir en un instant le droit de s'intituler vérificateur. Tant qu'à demander à ces messieurs les sous-détails dont ils se servent, gardez-vous-en bien, leurs nombreuses occupations ne leur permettent pas de vous les donner.

Je ne comprends pas qu'une réflexion des plus simples et des plus justes n'ait pas fait justice de cet état de choses.

Comment admettre un instant qu'un homme de vingt-cinq à trente ans est apte à connaître les matériaux, leurs qualités, leur emploi, etc., et cela dans vingt-cinq ou trente parties différentes qu'emploie la construction, dont quelques-unes coûtent aux hommes spéciaux quinze à vingt ans d'expériences et d'études laborieuses. Nous ne prétendons pas ranger tous les vérificateurs dans cette catégorie ; mais quand quelques-uns d'entre eux ont voulu lutter contre le mal, ils se sont trouvés débordés par la multitude des incapacités de ces gens à réduction du quart au cinquième, sans s'inquiéter du vrai ou du faux. De là aussi une foule de procès ruineux pour les parties intéressées, et dont l'entrepreneur est toujours victime, puisque si sa réclamation est fondée, et qu'il gagne son procès, il a non-seulement pour lui les tracas et la dépense, mais encore la perte du client.

Nous arrivons naturellement aux entrepreneurs ; mais peut-on s'étonner du degré de légèreté et de folie, et enfin d'immoralité qui président à leurs travaux ou à leurs adjudications ; quand on voit la tête et le cœur enclins à tous les abus que nous signalons, le mode de concurrence que l'on emploie, et notamment dans les travaux publics? Ne sont-ils pas faits pour abreuver de dégoûts l'homme honnête et consciencieux? Comment l'administration n'a-t-elle pas honte des marchés scandaleux qui se passent tous les jours, et dont la fin n'est, pour la plupart, qu'une faillite, et où, par ce moyen, ces gens sans honneur ont encore plus de gain que celui qui aurait fait beaucoup plus cher qu'eux? Et dire que l'administration, si elle ne prête pas la main à cette immorale concurrence, en profite et perçoit une partie des vols manifestes que ces hommes sans pudeur ont fait à des tiers!

Il est évident que la grande cause de ce désordre est le manque d'instruction spéciale. Nous sommes loin de vouloir en revenir aux anciennes maîtrises, quoique nous soyons malheureusement forcés de reconnaître qu'à ces époques il existait dans les diverses parties du bâtiment plus d'hommes du métier que nous n'en possédons aujourd'hui ; car, avec le système actuel, il faut plutôt être retors que constructeur.

Il y a encore l'entreprise générale qui vient compliquer la position. Ne serait-il pas juste que chacun paye au moins une patente des travaux dont il s'empare, et dont il jouit des bénéfices sous le titre et avec le simple payement d'une seule patente? Ce moyen serait peut-être suffisant pour arrêter ce fléau de toutes les affaires, d'autant plus à craindre que, pour la plupart, ce sont des hommes tarés ou près de l'être, qui entraînent dans leur ruine l'entrepreneur confiant et nécessiteux.

A tout cela, quel remède faut-il apporter? J'en reviens à la menuiserie. Un des abus les plus graves est le manque de livrets. Les marchandeurs et une partie des compagnons exploitent journellement la confiance des propriétaires, qui, après une épreuve coûteuse pour eux, il est vrai, n'y reviennent pas, mais le mal n'en est pas moins là. Je demande donc que la loi des livrets soit rapportée, mais avec rigueur. Je voudrais que, dans chaque arrondissement, une commission des maîtres soit nommée tous les ans par les prud'hommes. Ces commissions auraient le droit de passer dans les chantiers à leur gré, et de se faire représenter les livrets des hommes occupés ; que tout maître n'ayant pas le livret de l'ouvrier qu'il occupe soit condamné à une forte amende, laquelle amende serait déposée dans une caisse de secours fondée en faveur des anciens maîtres malheureux.

En demandant le tarif de façon pour l'ouvrier, nous venons demander aussi la création d'un tarif pour les maîtres, tarif basé sur les prix nouveaux de la main-d'œuvre, et établi par une commission nommée dans la profession d'hommes reconnus capables, sanctionnés par un jury réviseur, lequel jury aurait tous les ans mission de réviser les prix en rapport aux variations du bois.

Je ne saurais trop recommander à mes confrères de laisser dans le néant cette coutume d'exagération des prix, qui, toujours ridicule, tombe dans l'absurdité.

Demander qu'une loi vienne garantir aux constructeurs leurs travaux en les rendant de plein droit créanciers hypothécaires sur les propriétés desquelles ils ont travaillé, en prenant leur inscription du jour où ils commencent leurs travaux, et l'on verrait renaître la confiance et l'espoir.

Donner une nouvelle direction aux travaux

publics et à leur mode de concurrence plus approprié aux besoins de l'époque.

Seconder ce mouvement par une loi sévère sur les faillites, dans lesquelles on devrait classer trois distinctions : 1° les malheureux ; 2° les incapables ou légèretés ; 3° et enfin les fripons. Aux premiers, un État moral doit voler à leur secours, les aider, les soutenir ; aux seconds, l'exclusion à tout jamais de l'entreprise, car, par ignorance, ils ont entraîné dans leur ruine des tiers malheureux ; aux derniers, les bagnes. Un tel état ferait examiner les affaires plus rigidement, et l'on ne compromettrait plus son avenir ni celui des autres.

Il est fâcheux que tous ces besoins n'aient pas été compris depuis longtemps par les chambres syndicales, qui auraient dû prendre l'initiative sur les ouvriers. Espérons que l'ère nouvelle leur dessillera les yeux, et qu'elles n'hésiteront pas à comprendre qu'en ravaillant au bonheur de leurs ouvriers, elles travaillent en même temps au leur, et prenons tous pour devise :

L'union fait la force !

Inprimerie Lacrampe et Comp., rue Damiette, 2.

www.ingramcontent.com/pod-product-compliance
Ingram Content Group UK Ltd.
Pitfield, Milton Keynes, MK11 3LW, UK
UKHW021153230726
13926UKWH00001B/87

9 782014 079494